Ordnung im Haushalt

In 20 einfachen Schritten zu einem entspannteren Leben

Dave O´lkey

Kontakt: David Oelke/Alte Baslerstraße 16/79713 Bad Säckingen

Inhaltsverzeichnis

Vorwort

Jeder kennt es, wenn der Haushalt neben den Aufgaben, die man ohnehin schon im Alltag bewältigen muss, zum Problem wird. Sowie jeder versucht, mit diesem Problem fertig zu werden, doch noch abends nach der Arbeit erschöpft Ordnung in das Chaos zu bringen, das liegen gebliebene Geschirr in der Küche zu reinigen oder die dreckige Wäsche zu waschen und zu trocknen.

Doch trotz all dieser Bemühungen scheint alles doch immer wieder in den Urzustand der Unordnung zurück zu kehren, und das oft innerhalb kürzester Zeit. Schließlich versuchen also die Meisten von uns, sich Methoden auszudenken. Dabei geht vermutlich jeder auf seine eigene, etwas andere Weise vor – auch wenn sich sicherlich ein Muster abzeichnet, das immer wieder auftritt. Es definiert sich am stärksten dadurch, dass am Ende wieder ein Moment erreicht wird, in dem man seinen Blick frustriert über die Unordnung in der Wohnung schweifen lässt und sich dabei zugleich wohl noch sehr erschöpft und ratlos fühlt, wie man dieses immer wiederkehrende Problem denn endgültig loswerden kann. Oder ob es überhaupt und realistisch betrachtet möglich ist, dies zu tun.

Ich bin der Ansicht, dass Ordnung im Haushalt eine gewisse Herausforderung darstellt. Aber eine Herausforderung, die man meistern kann!

Ich nehme an, es geht auch dir so, dass Ordnung im Haushalt ein Problem für dich darstellt – weshalb du dich entschieden hast, ein Buch wie dieses hier zu kaufen, sowie ich mich aus einem ähnlichen Grund dazu entschieden habe, dieses Buch zu schreiben. Auch ich kenne das Gefühl, wenn der Haushalt zu einer zu großen Last wird. Aber ich wollte das nicht einfach so hinnehmen, ich wollte einen Weg finden, diese Last größtmöglich zu reduzieren. Ich glaube, einen solchen Weg zu kennen, der nicht nur mir, sondern auch anderen helfen kann, durch Ordnung im Haushalt das Leben einfacher zu machen, und das in 20 einfachen, unkomplizierten Schritten.

Während wir uns an diese Schritte halten und unseren inneren Schweinehund überwinden, verfolgen wir nur dieses Ziel, uns das Leben einfacher zu machen und uns wohler zu fühlen, das wir so schnell wie möglich erreichen möchten – und so werde ich mich auch nur auf kritische Punkte beschränken.

Ich freue mich, dass du mich dabei begleiten wirst und hoffe auf eine erfolgbringende Erfahrung für dich.

Lass uns anfangen!

Schritt 1:
Sich bewusst werden

Vielleicht erscheint es dir irrelevant, diesen Schritt überhaupt zu benennen. Er ist aber von großer Wichtigkeit, damit du dein Ziel erreichen kannst!

Sich bewusst werden geht darüber hinaus zu verstehen, dass Ordnung im Haushalt einem Schwierigkeiten und Kopfzerbrechen bereitet. Ich denke, es ist uns beiden ziemlich klar, dass dies so ist.

Dass du dich dazu entschieden hast, dieses Buch zu kaufen, ist bereits ein erstes Anzeichen dafür, dass du – bewusst oder unbewusst – verstanden hast, dass der Haushalt selbst aktiv gar nichts macht. Es wäre albern, die Schuld auf ihn zu schieben. Würden wir ihn uns als sprechendes und denkendes Wesen vorstellen, würden wir uns von der Realität entfernen. Also gehen wir vielleicht dazu über, dem stressigen Alltag die Schuld in die Schuhe zu schieben. Obwohl sich dann direkt die Frage aufdrängt, wieso eventuell eine gute Bekannte, die ebenfalls viel unterwegs ist und wenig Zeit hat, ihren Haushalt besser im Griff zu haben scheint als wir selbst.

Der erste Schritt des Sich-Bewusst-Werdens zeichnet sich schlichtweg dadurch aus, den Frust und das Murren an die Seite zu stellen und der Tatsache ins Auge zu blicken, dass der Haushalt nichts als das Resultat des eigenen täglichen Verhaltens in den eigenen vier Wänden ist.

Sobald dieses kleine und völlig harmlose Eingeständnis gemacht und akzeptiert wurde, ist völlig klar, dass das eigene Verhalten die Wurzel ist, an die wir angreifen müssen. Bevor wir aktiv mit unseren Händen versuchen, im Haushalt etwas zu verändern, müssen wir im nächsten Schritt also zunächst einige mentale Vorkehrungen treffen, damit unser Weg auch langfristig wirksam bleibt. Vorübergehende Ordnung schaffen kann ja schließlich jeder.

Schritt 2:

Mentale Vorbereitung

Dass wir uns der Ursache des Problems bewusst geworden sind, bedeutet noch lange nicht, dass wir uns bereits geistig darauf eingestellt haben, was auf uns zukommt und was uns erwarten wird.

„Es geht doch nur darum, aufzuräumen oder auszumisten", denkst du dir vielleicht an dieser Stelle. Das ist nicht ganz falsch. Aber genauso wie der Haushalt fortwährend in Details in deinem Leben präsent ist, wirst du auch fortwährend Entscheidungen treffen müssen, auch wenn sie noch so klein und unbedeutend scheinen, um die Ordnung zu erhalten.

Bevor du zum nächsten Schritt übergehst, solltest du dir einige Minuten für dich selbst nehmen und versuchen, zu reflektieren.

Wie verhältst du dich, wenn du endlich zuhause bist, endlich entspannen kannst und das selbstverständlich auch möchtest, beispielsweise wenn du nach einem langen Arbeitstag wieder in deinen eigenen vier Wänden ankommst? Gönnst du dir unter Umständen ab und zu mal ein Buch, obwohl sich bereits Staub auf den Büchern im Regal ansetzt, die du dir schon seit Monaten vornimmst, jetzt bald endlich zu lesen, sobald in den derzeit allzu stressigen Lebensabschnitt etwas mehr Ruhe eingekehrt ist? Hast du kürzlich im hinteren Teil des Kühlschranks verdorbenes Essen gefunden, weil du vielleicht schneller eingekauft als gegessen hast? Es ist gut möglich, dass davon gar nichts auf dich zutrifft, doch wenn etwas es doch tut, oder zumindest etwas, das dem sehr nahe kommt, Gratulation: Du verhältst dich höchstwahrscheinlich völlig normal. Doch in diesem Fall wird dir normales Verhalten dein Leben erschweren.

Versuche zu verstehen, dass du dich am eigenen Kragen packen und dich selbst dazu bringen musst, kleine Gewohnheiten zu verändern und gewisse Dinge ein klein wenig anders zu machen. Das wird auch bedeuten, deinen inneren Schweinehund zu überwinden und einen neuen Blick auf die Dinge in deinem Haushalt zu gewinnen.

Es erfordert keinen Schweiß oder Blutvergießen – lediglich Entschlossenheit.

Entscheide dich um deinetwillen, entschlossen zu sein, diese Herausforderung zu meistern und Dinge etwas anders zu machen, auch wenn dir dazu womöglich von Zeit zu Zeit die Motivation fehlen wird. Lass uns den nächsten Schritt angehen, um deine Entschlossenheit zu vertiefen und voran zu treiben.

Schritt 3:
Das Ziel visualisieren

Die Mehrheit der Menschen ist sich darin einig, dass es nicht schön aussieht, wenn mehrere Tage alte Essensreste sich in der Küche ansammeln, Dinge ungeachtet auf dem Boden liegen oder die Regale so überfüllt sind, dass sie überquellen. Dies erweist sich weder visuell, noch in der Praxis als vorteilhaft: Ein übler Gestank, der die ganze Wohnung durchzieht, Dinge, die im Vorübergehen umgeworfen werden, oder die verzweifelte Suche nach einem bestimmten Gegenstand, der irgendwo im Schrank unter zahlreichen anderen Dingen vergraben liegt.

Wie könnte es stattdessen sein?

Stell dir vor, du kommst nach Hause und findest eine Küche vor, die völlig sauber ist, auch wenn vielleicht ein Teller und ein Messer in der Spüle liegen – aber daran stört man sich im Regelfall ja auch nicht. Stell dir vor, du musst dich nicht bücken, um etwas aufzuheben, oder etwas umgehen, das auf dem Boden liegt, sondern kannst einfach bedenklos über einen sauberen, freien Boden laufen. Stell dir vor, das nächste Mal, wenn du etwas aus dem Regal suchst, das du gerne lesen oder in anderer Weise benutzen möchtest, findest du es direkt, ohne es zuvor suchen oder andere Dinge aus dem Weg räumen zu müssen, um es zu erreichen.

Stell dir außerdem vor wie es wäre, wenn du für deine Sachen reichlich Platz hättest. Vielleicht denkst du jetzt, das tust du nicht. Dass deine Wohnung zu klein sei. Eine Frau namens Marie Kondo jedoch ist davon überzeugt, dass alles, was dir wirklich lieb, teuer und wichtig ist, in deine vier Wände passt, ohne dir den Platz zum Atmen zu rauben. Bevor ich dir mehr über sie erzähle, bitte ich dich, bereits eine ihrer Methoden anzuwenden. Ich habe dir einige Zeilen zuvor gesagt, was du dir vorstellen sollst, aber wer weiß, ob es auch genau das ist, was du am meisten anstrebst.

Was ist der Grund dafür, dass du überhaupt Ordnung schaffen willst? Werde dir dessen bewusst. Stell dir nun vor, was dein Ziel ist. Visualisiere es vor deinem geistigen Auge, versuche, es bis in das kleinste Detail genau vor dir zu sehen. Was möchtest du? Wie soll deine Wohnung aussehen? Wie soll dein tägliches Leben in deinem

Zuhause aussehen? In deinem Geiste: Gehe von Raum zu Raum und überlege dir, was dir missfällt. Mobiliar? Dessen Inhalt? Die Struktur und Einrichtung in den Räumen?

Verändere es so, dass es dich glücklich macht. Verändere deine Wohnung so, bis in dir ein Funke der Aufregung und des Tatendrangs entzündet. Sobald das geschieht, sind wir bereit, die Methoden zu besprechen, um dorthin zu gelangen.

Schritt 4: Die Konmari-Methode

Was wir soeben getan haben, das Visualisieren dessen, wie die Wohnung schließlich aussehen soll, ist ein Schritt, den Marie Kondo als einen der ersten Schritte zur Ordnung im Haushalt empfiehlt.

Wer aber ist Marie Kondo, dass sie offensichtlich ein wichtiger Bestandteil des Inhalts dieses Buches sein wird? Die japanische Autorin und Organisationsberaterin hat mit ihrer sogenannten Konmari-Methode, die sie in ihrem Buch „Magic Cleaning" erklärt und beschreibt, schon vielen Leuten dabei geholfen, den Alltag einfacher zu gestalten, was ja unserem Ziel gleicht! Wenn du im Internet nach Frau Marie Kondo recherchierst, wirst du auf massig positives Feedback stoßen. Zahlreiche Menschen scheinen begeistert von ihrer Vorgehensweise zu sein und ihre Methode als besonders effektiv zu erachten.

Unter Programmierern ist ein bekannter Ratschlag, das Rad nicht ständig neu zu erfinden. Auf ein Thema wie Haushaltsordnung trifft dies wohl sicherlich auch zu, möchte ich behaupten. Den Weg zum Ziel haben bereits andere vor uns gefunden – wir müssen uns keinen Neuen ausdenken, nur den bereits Existierenden finden.

Was ist also der Weg Marie Kondos? Bringt er uns zum Ziel?

Lass uns in blindem Vertrauen ihre Methodik anwenden und ausprobieren.

Schritt 5:

Does it spark joy?

Does it spark joy – Entfacht es einen Funken der Freude?

Ich werde dir diese Frage einige weitere Male stellen, da wir sie als unsere Leitfrage im Hinterkopf behalten wollen.

Doch warum ist es wichtig, dass wir uns diese Frage stellen und uns an sie erinnern, während wir Ordnung ins Chaos bringen?

Dazu sollten wir zunächst verstehen, wie groß die Rolle ist, die unser Zuhause in unserem Leben spielt.

Zuhause ist der Ort, an dem wir abgesehen vom Arbeitsplatz die meiste Zeit unseres Lebens verbringen – und für manche ist das Zuhause sogar der Arbeitsplatz. Zudem ist Zuhause meist ein Symbol für Sicherheit, die Möglichkeit, sich zurück zu ziehen, zu entspannen und man selbst zu sein. Wenn es einen Ort gibt, der einem Raum zur Selbstenfaltung gibt, dann ist es üblicherweise das eigene Zuhause. Unsere Habseligkeiten, die sich im Laufe unseres Lebens ansammeln, bewahren wir überwiegend in diesem Zuhause auf. Allerdings besitzen wir nicht nur Dinge, die uns wichtig und nützlich sind.

Ob verfehlte Geschenke, verflogene Interessen, Fehl- und Frustkäufe oder einfach unbrauchbar gewordene Utensilien: Neben den Dingen, die für uns wirklich eine Bedeutung haben, befinden sich auch zahlreiche Dinge im Haushalt, die ihren emotionalen oder praktischen Nutzen seit langer Zeit nicht mehr erfüllen und mit an Sicherheit grenzender Wahrscheinlichkeit nie wieder erfüllen werden.

Um Ordnung in unseren Haushalt zu bringen, ist es wichtig, dass wir uns von Dingen trennen. Zu viel, das sich über die Jahre ansammelt, ist nicht als Platzverschwendung und subtile Belastung.

Das alltägliche Arbeitsleben allein ist schwer und belastend genug. Wenn wir abends nach Hause kommen und unsere Freizeit in Ruhe daheim verbringen möchten, wollen wir weder Stress noch Belastung. Wir wollen, dass uns nichts umgibt außer Dingen, die uns glücklich machen.

Und nach Marie Kondos Motto werden wir ausmisten:

Does it spark joy?

Schritt 6:

Einen Überblick gewinnen

Womöglich bist du schon motiviert, das nächste Bücherregal aufzusuchen und all den verstaubten Schmökern Lebewohl zu sagen, die dir keine Freude bereiten.

Sollte dies tatsächlich der Fall sein, freut mich das! Aber warte noch einen Moment.

Bevor wir wirklich Hand anlegen, sollten wir uns einen Überblick verschaffen. In Schritt 3 hast du dir bereits das Ziel vor Augen geführt. Du hast dabei vielleicht an ein Regal oder einen Schrank gedacht, der in einem deiner Zimmer steht und mit Kleidung, Büchern oder sonstigem Kram vollgestopft ist. Du hast es vermutlich schon in Schritt 3 getan, aber überlege dir, wie die Möbel, die du hast, aussehen könnten, wenn nur noch wenige wichtige Gegenstände in ihnen verstaut würden. Solltest du dabei feststellen, dass nicht nur der Inhalt, sondern auch das Möbelstück selbst dich unglücklich macht, wäre es vielleicht an der Zeit, dieses gegen ein anderes Möbelstück einzutauschen.

Mein Ratschlag hier ist dabei keinesfalls, dass du dir deine Wohnung komplett neu einrichtest! Das wäre wohl nicht nur zu viel Stress, sondern unter Umständen auch nicht ganz billig. Doch wir wollen erreichen, dass die Dinge, die wir behalten, uns Freude machen. Bewahren wir sie beispielsweise in dem hässlichen Regal auf, das unsere Eltern uns vor Jahren bei unserem Auszug mitgegeben haben und das uns zutiefst missfällt, wird das weiterhin ein Störfaktor für uns bleiben.

Was wir in Schritt 3 getan haben, wiederholen wir jetzt auf ähnliche Weise, indem wir uns fragen, in welchem Raum sich Dinge befinden, die uns keine Freude mehr bereiten.

Ich nehme mir heraus zu behaupten, dass dabei vermutlich kein Raum verschont bleibt.

Womit sollen wir also anfangen?

Schritt 7:
Kategorisches Ausmisten

Wenn uns die Motivation packt (oder auch nur der Entschluss), endlich Ordnung zu schaffen, nehmen wir uns häufig vor, ein bestimmtes Zimmer aufzuräumen und auszumisten.

Nach Marie Kondo ist dies allerdings der falsche Ansatz.

Wenn wir beschließen, ein bestimmtes Zimmer aufzuräumen, wechseln wir unseren Fokus dabei ständig. Von Kleidung zu Büchern und Dokumenten, vielleicht alten CDs, Schmuck usw. Die Intensität der Motivation, auszumisten, wird nicht bei all diesen Kategorien dieselbe sein.

Das kann dazu führen, dass wir mit etwas anfangen, es liegen lassen und an anderer Stelle weitermachen. Oder, was uns völlig ablenkt: Wir stoßen auf Dinge aus unserer Vergangenheit, die uns nostalgisch oder melancholisch stimmen, verlieren uns darin, diese zu durchstöbern, weil wir eine starke emotionale Verbindung zu diesen Dingen empfinden, bis es schließlich dämmert und das Chaos, das wir beim Versuch aufzuräumen angerichtet haben, uns umgibt, wir aber das Aufräumen für den Tag bereits aufgegeben haben.

Ich jedenfalls kenne dieses Problem sehr gut und weiß auch von meinen Freunden, dass ihnen oft etwas sehr Ähnliches passiert ist.

Ich habe Marie Kondos Methode ausprobiert und festgestellt, dass es tatsächlich unsagbar hilfreich ist, nach Kategorie aufzuräumen, nicht nach Zimmern. Diese Vorgehensweise hat mehrere Vorteile.

Das Gefühl, dass sich einem aufdrängt, wenn man sich dazu entscheidet, ein komplettes Zimmer aufzuräumen, ist oft ein sehr erdrückendes. Die Aufgabe ist groß und bereits zu Beginn weiß man, dass man mehrere Stunden, wenn nicht den ganzen Tag in diese Aufgabe investieren muss. Die anfängliche Motivation dauert aber bekanntlich nicht so lang an. Räumen wir aber nach Kategorie auf, starten wir keine „Großaktion“. So gehen wir also durch alle Räume und sortieren Kleidungsstücke aus, oder gehen durch alle Räume und schrumpfen unseren Buchbestand.

Was immer unser Fokus sein wird, es wird unser einziger Fokus sein und uns zielgerichteter arbeiten lassen. Zudem wird es um ein Vielfaches leichter, die Aufräumarbeiten auf wenige, verschiedene Tage aufzuteilen, ohne mit Überforderung ringen zu müssen.

Kategorisches Aufräumen verringert das Risiko, dass wir uns ablenken lassen und uns zu viel vornehmen. Ein ganzes Zimmer an einem einzigen Tag auf Vordermann zu bringen ist vielleicht wünschenswert, aber vermutlich eher den Menschen vorbehalten, die den ganzen Tag Zeit und Energie haben – und selbst jene werden sicherlich mit Ablenkung und Zeitdruck zu kämpfen haben.

Nun, da wir uns für kategorisches Aufräumen entschieden haben, stellt sich weiterhin die Frage des letzten Kapitels:

Womit fangen wir an? Klären wir dies ein für allemal.

Schritt 8:

Die Reihenfolge bestimmen

Wie ich bereits in Schritt 7 erwähnt habe, ist Ablenkung ein wichtiges Problem, das wir bereits von vornherein auf ein Minimum reduzieren müssen, um effektiv und zeitsparend Ordnung zu schaffen.

Dass wir beim Aufräumen scheitern hängt oft nicht nur damit zusammen, dass wir ohne Struktur oder nach Räumlichkeit aufräumen, sondern auch damit, dass wir mit den falschen Dingen anfangen und uns hinzukommend die Entschlossenheit versagt.

Dabei ist es einfach, sich zu überlegen, was wohl länger dauert: Einen Kleiderschrank auszumisten, oder wichtige Familienerbstücke, Erinnerungen und Fotos, Gemaltes der Kinder oder alte Postkarten und Tagebücher? Wie ich bereits sagte, bin ich sicher nicht allein damit, mich in diesen Dingen leicht zu verlieren. Auch Marie Kondo rät, Dinge, die mit der Vergangenheit oder wichtigen Menschen zusammenhängen und somit emotional in einem verankert sind, zuletzt anzugehen. Verständlicherweise nehmen diese Dinge die meiste Zeit in Anspruch, und es bedarf starker Entschlossenheit oder gar Übung, sich davon zu trennen.

Marie Kondo ist dabei in der Reihenfolge, die sie vorgibt, radikal.

Sie vertritt die Ansicht, dass man mit Kleidung beginnen soll. Anschließend Bücher und dann Papierkram ausmisten soll. Alles andere kommt zum Schluss. Da jeder Haushalt natürlich aus völlig unterschiedlichen Gegenständen besteht, läge es an dir, die verbleibenden Gegenstände in bestenfalls so wenig Unterkategorien wie möglich einzuteilen. Das könnten zum Beispiel CDs sein, Küchenutensilien, Bettwäsche, Schmuck usw.

Ich persönlich stimme zu, dass Kleidung wohl am einfachsten ist und halte Marie Kondos vorgegebene Reihenfolge für sinnvoll.

Da jeder Mensch aber sehr individuell bist, bist du aber womöglich auch die Ausnahme. Es könnte doch gut sein, dass du genau weißt, dass es dir immens schwerfällt, Kleidung auszumisten, da du sehr an dieser hängst. Wenn man dies über sich selbst weiß, halte ich es für unsinnig, blind einer Methode zu folgen die davon ausgeht, dass das Ausmisten von Kleidung am leichtesten ist, wenn es das für dich persönlich offensichtlich nicht ist.

Am besten wäre also, du machst dir eine Liste.

Schreibe dir alles auf, das du aufräumen und aussortieren möchtest. Kleidung, Bücher, CD-Regale – alles, was bei dir herumsteht und zu viel Platz einnimmt! Überlege dir dann, was dir davon am Wichtigsten und am Unwichtigsten ist. Nummeriere deine Liste durch und fange mit dem Unwichtigsten an! So kommst du am schnellsten voran und lässt dir das größte Übel für den Schluss übrig. Bis du dort angekommen bist, musst du dich aber um alles andere nicht mehr sorgen und kannst dich allein darauf konzentrieren. Somit wird es dich auch nicht mehr aufhalten. Wir verfolgen dabe immer noch die Konmari-Methode, gehen aber sicher, dass sie durch individuelle Anpassung an uns selbst nicht an Effektivität verliert.

Schritt 9:

Räume alles raus

Bis jetzt war alles, was wir getan haben, Theorie. Wir haben darüber gesprochen, dass wir uns bewusst werden müssen, dass wir selbst für die Unordnung verantwortlich sind, wir haben uns mental darauf vorbereitet, unser Verhalten aktiv beeinflussen zu müssen, im Geiste unser Ziel visualisiert und Marie Kondos Methoden besprochen. Zuletzt ging es darum, eine Liste zu machen. Jetzt, da du diese Liste zur Hand hast und wir uns mit unserer neuen Strategie vertraut gemacht haben, wollen wir endlich Hand anlegen.

Ich habe für mein Buch zwei häufige Beispiele gewählt, die ich bisher auch schon mehrfach benannt habe: Kleidung und Bücher. Es kann sein, dass Bücher auf deiner Liste gar nicht stehen, oder du die beiden Kategorien in anderer Reihenfolge angehen möchtest, wie wir ja ebenfalls gerade besprochen haben. Jedenfalls werde ich dir in

Schritt 10 und 11 Marie Kondos Tipps und Tricks für das Aussortieren und Aufbewahren von Kleidung und in Schritt 12 ihre Tipps und Tricks für das Aussortieren und Aufbewahren deiner Bücher schildern. Wenn du beides auf deiner Liste stehen haben solltest (was der Fall sein sollte – es sei denn, du besitzt keinerlei Bücher oder Kleidung), du aber Bücher vor Kleidung aussortieren möchtest, kannst du zu Schritt 12 springen und diesen zuerst lesen.

Unabhängig davon, womit du aber beginnst – räume alles raus.

Was das bedeutet ist, dass wir alles aus dem Regal nehmen. Bücher, Kleidung, CDs – nimm alles aus dem Regal und sammle es an einem bestimmten Ort im Raum. Laut Marie Kondo haucht dies den Gegenständen neues Leben ein. Außerdem verschaffst du dir dadurch einen besseren Überblick darüber, was du tatsächlich hast. Du nimmst jeden Gegenstand in die Hand, setzt dich mit ihm auseinander und kannst dabei individuell entscheiden, ob er unserer Leitfrage noch gerecht wird, ob er seinen Nutzen noch erfüllt. Ob er dir noch Freude bereitet und du ihm einen Platz in deinem Zuhause geben möchtest. Indem du deine Sachen aus dem Regal herausnimmst, machst du es dir selbst außerdem schwerer, Grauzonen und ambivalenten Entscheidungen auszuweichen.

Solange wir einen Gegenstand nicht wirklich in die Hand nehmen und im Tageslicht begutachten, sind wir stärker dazu verleitet, uns selbst über seinen Nutzen zu belügen und können auch nicht wirklich ehrlich einschätzen, ob wir ihn tatsächlich noch gebrauchen werden oder wollen.

Egal, womit du nun also beginnst – nimm es aus dem Regal heraus! Wir wollen all unsere Habseligkeiten dafür wertschätzen was sie für uns sind oder waren und uns von ihnen trennen, sollten sie nicht einen Funken der Freude entfachen, wenn wir sie in die Hand nehmen.

Schritt 10: Ordnung im Kleiderschrank

Kleidung auszusmisten ist so eine Sache – manche haben ihren Spaß daran, andere hassen es geradezu. Aber jeder kann doch eigentlich mit ziemlicher Bestimmtheit sagen, welche Kleidungsstücke er gerne trägt und welche nicht. Manche Kleidungsstücke hat man zwar, man zieht sie aber nie an. Jedes Mal, wenn man die Schranktür öffnet, nimmt man wahr, dass sie sich an gewohnter Stelle befinden, doch wenn alle Lieblingsshirts in der Wäsche sind, sucht man sich lieber eine Alternative.

Solltest du ein solches Kleidungsstück in deinem Schrank vorfinden, ist das wohl ein ziemlich eindeutiger Hinweis darauf, dass du ihm getrost Lebewohl sagen kannst.

Wenn du deinen Kleiderschrank aussortierst, gilt grundlegend: Wenn du es nicht gleich morgen oder dem Anlass entsprechend anziehen würdest, solltest du es wegwerfen. Natürlich ist klar, dass man nicht unbedingt in einem Ballkleid bei der Büroarbeit auftauchen möchte. Aber wenn du zum Ausgehen bereits mehrere Male das weiße Top getragen und seit Monaten dem Gelben nicht mal mehr Beachtung geschenkt hast, ist die Zeit, da du das gelbe Top noch gern getragen hast und dich darin wohlfühltest, wohl vorbei.

Denk immer daran: Entfacht es einen Funken Freude? Scheue dich nicht, es weg zu werfen, wenn dem nicht mehr so ist. Kleidung repräsentiert dich. Du solltest sie nicht behalten, nur weil du denkst, ein bestimmtes Shirt oder eine bestimmte Hose könnte vielleicht doch irgendwann von Nutzen sein. Wenn wir ehrlich zu uns sind, wird dieser Tag wohl nie kommen. Und selbst wenn er kommen sollte – wie groß ist dann tatsächlich der Verlust? Du solltest Kleidung auch nicht behalten, weil du ein schlechtes Gewissen hast, vielleicht weil du es gekauft und dann doch nicht gemocht hast. Wenn wir erneut nach Marie Kondos Meinung fragen, sagt sie hierzu, dass Kleidungskauf zur Stilfindung gehört. Manche Kleidungsstücke gefallen uns auch nur vorübergehend. Nichts daran ist schlecht – Kleidung muss nicht für die Ewigkeit sein. Und wenn du doch einmal Probleme haben solltest, dich zu entscheiden, ob etwas dir steht oder nicht, kannst du ja auch einfach einen Freund oder ein Familienmitglied um Rat fragen. Im Zweifelsfalls kannst du es ruhig behalten, bis du dir sicher geworden bist – Aber nutze dies nicht als Ausrede!

Sobald du dich entschieden hast, welche Teile du behalten und anziehen möchtest, geht es darum, die Kleidung systematisch und in anhaltender Ordnung wieder einzuräumen.

Hierfür werde ich dir wie angekündigt drei Tipps Marie Kondos weitergeben und dir erklären, wie du deine Kleidung besser falten kannst.

Beginnen wir damit, dass du gewisse Kleidung unbedingt aufhängen solltest. Jacken, Mäntel, Kleider, Taschen und Gürtel – an der Kleiderstange aufgehängt, geben sie dir kein Gefühl der Unordnung. Achte dabei darauf, dass dein Auge „nach oben wandert". Hänge lange Teile links auf und die Kürzeren nach rechts. Wenn du sie außerdem noch von heller Kleidung zu dunkler Kleidung sortierst, machst du es deinem Auge am einfachsten. Es wird ein deutlich angenehmeres Gefühl für dich sein, die Schranktür zu öffnen.

Um zu verhindern, dass jedes Mal, wenn du beispielsweise ein Shirt oder eine Hose anziehen möchtest, die ganz unten vom Stapel liegt, den gesamten Stapel selbst durcheinander bringst, gewöhne dir an, deine Kleidung vertikal anstatt horizontal in Schubladen einzuordnen. So siehst du jedes Teil direkt und kannst es herausnehmen, ohne Unordung in deinen Schrank zu bringen.

Außerdem rollst du bestenfalls die Socken. Das Ergebnis ähnelt den anderen gefalteten Kleidungsstücken. Ich erkläre dir jetzt, wie du sie einfach falten kannst.

Schritt 11:

Kleidung falten nach Marie Kondo

Oberteile: Breite das Oberteil mit der Rückseite zu dir vor dir aus. Schlage beide Seiten des Oberteils um etwa ein Drittel zu dir um und gleiche die überlappenden Ärmel an die umgeschlagene Fläche an. Anschließend faltest du das Oberteil in der Mitte. Zuletzt nimmst du das Oberteil an der Kragenfläche, schlägst diese auf die Hälfte der Fläche um, sodass der Kragen zu dir zeigt, bevor du ihn ein weiteres Mal umschlägst.

Hosen: Falte die Hose an der Mitte, sodass beide Beinteile aufeinander liegen und die Gesäßtaschen zu dir zeigen. Schlage nun die Fußteile der Hose nach oben, sodass sie mit der Oberkante abschließen. Nun musst du die Hose noch in Dritteln falten – und sie steht von selbst.

Socken: Lege beide Socken komplementär und ausgebreitet übereinander. Falte sie zweimal in Folge an der Hälfte.

Unterwäsche: Lege deine Unterwäsche mit der Vorderseite zu dir zeigend vor dich hin. Schlage den unteren Teil bis fast an die Oberkante der Unterhose nach oben und anschließend die Seiten nach innen. Wenn du sie nun noch einmal vertikal an der Hälfte faltest, hast du Unterwäsche, die von allein in deiner Schublade steht.

Sollte dir noch etwas unklar sein oder deine Wäsche einfach nicht stehen wollen, kannst du dir auch zahlreiche Videos im Internet, beispielsweise auf YouTube ansehen. Die Faltmethode ist wirklich einfach und leuchtet visuell erklärt vielleicht besser ein.

Schritt 12:

Bücher ausmisten und aufbewahren

Bücher aussortieren gleicht im Prinzip dem Vorgang, Kleidung auszusortieren. Nur, dass es vielleicht schwerer ist zuzugeben, dass man ein bestimmtes Buch niemals lesen wird als zuzugeben, dass einem ein Kleidungsstück nicht mehr gefällt und man es nicht mehr tragen möchte – immerhin fällt es mir schwerer. Wie gesagt, jeder Mensch ist individuell.

Für den Fall, dass du einige Mementos am gleichen Ort aufbewahrst wie deine Bücher, was bei vielen Menschen so ist, sortiere diese aus und lege sie an die Seite. Lass dich davon nicht ablenken! Jetzt sind die Bücher dran. Stelle außerdem sicher, dass du alle Bücher aus der gesamten Wohnung und aus allen Räumen an einem einzigen Ort sammelst. Wir neigen dazu, Bücher in verschiedenen Zimmern und vielleicht in kleinen Stapeln zu verteilen. Bevor du anfängst auszumisten, sammle sie alle an einem

Ort! Wie du in Schritt 10 und 11 bereits gelesen hast oder noch lesen wirst, hilft dir das zu verstehen, was du tatsächlich hast, und vielleicht schockiert dich dabei sogar die Menge dessen, was du besitzt.

Wenn du soweit bist, stellst du dir bei jedem Buch, dass du in die Hand nimmst, ehrlich die Frage:

Does it spark joy?

Dabei ist es völlig unwichtig ob du glaubst, du wirst ein Buch noch irgendwann lesen. Empfindest du keine Freude oder eine Welle der Aufregung oder des Interesses, wenn du daran denkst, das Buch zu lesen oder daran, was du empfunden hast, als du es gelesen hast, was hat das Buch dann noch in deinem Regal zu suchen? Eine Ausnahme hiervon sind natürlich Lernbücher für die Ausbildung oder das Studium – natürlich lösen sie vielleicht bei dir keine inneren Freudensprünge aus. Die einzige Frage ist dann: Benötige ich es noch und ist es noch von Nutzen?

Grundlegend gilt: Mach dein eigenes Bücherregal zu einer ausgewählten Sammlung an Schätzen. Behalte nichts, das du nicht wirklich gerne heute oder morgen in die Hand nehmen und lesen möchtest, oder das schöne Erinnerungen in dir weckt.

Die Bücher, die du nicht behalten möchtest, kannst du ebenfalls nach zwei Kategorien ausmisten: Jene, die so gebraucht und abgenutzt sind, dass du sie wegwerfen und recyclen möchtest, und jene, die noch in gutem Zustand sind, auch wenn du sie nicht mehr haben möchtest, und spenden kannst. Dies gilt im Übrigen für alles, was du ausmistest! Kleidung eingenommen. Denn nur, weil dir ein Gegenstand keine Freude mehr bereitet, bedeutet das nicht sogleich, dass er keinem andern eine Freude bereiten kann. So räumst du nicht nur aus, sondern tust auch der Welt etwas Gutes!

Welche Tipps gibt es aber, wenn es darum geht, die Bücher, die man gerne behalten möchte, einzusortieren? Mein eigener Tipp ist, dass du zweireihiges Einsortieren komplett aufgibst. Es wird dir einen schlechten Überblick über deinen Buchbestand geben und Chaos provozieren, wann immer du nach einem Buch in den hinteren Reihen suchst.

Marie Kondo rät zudem, Bücher – im Gegensatz zu Kleidung – horizontal einzuordnen. Und auf die horizontal eingeordneten Bücher nicht vertikal weitere Bücher zu legen! Wenn wir uns das abgewöhnen, können wir auf jedes Buch zugreifen, ohne die Grundstruktur durcheinander zu bringen. Wir können es einfach am Buchrücken herausziehen.

Ich persönlich mag Bücher nicht nur, weil ich gerne lese. Natürlich ist das für micht der Hauptgrund. Für mich ist es ein schönes Gefühl, vor allem physische Bücher in die Hand zu nehmen und zu lesen. Ich mag ihren Geruch und das Gefühl, wenn man die Seiten umschlägt.

Aber Bücher sehen auch schön aus – sie machen sich toll in einem Regal, auf einer Kommode oder neben dem Bett. Passend dazu gibt es eine weitere Konmari-Methode, die es uns leichter machen soll, unsere Bücher zu finden, uns eventuell sogar zum Lesen animiert oder schlichtweg schön aussieht: Kleine Stapel in den Räumen verteilen.

Wie bereits angesprochen, verteilen wir Bücher oft ohnehin in verschiedenen Zimmern. Das liegt vielleicht daran, dass wir sie lesen wollen, oder dass sie an einen bestimmten Ort gehören, wie man beispielsweise Kochbücher womöglich gern in der Küche lässt, wenn man sie regelmäßig und während des Kochens benutzt.

Aber auch vertikale Dekostapel können einem Freude bereiten! Es sieht wohnlich aus, und da der Stapel etwa fünf Bücher nicht übersteigen sollte, ist das vertikale Stapeln in diesem Falle auch kein Problem, vor allem nicht, wenn es sich sowieso um einen Dekostapel handelt.

Auf den Nachttisch oder neben das Sofa oder den Lesesessel würde vermutlich ein kleiner solcher Stapel der Bücher gut passen, die man derzeit oder demnächst lesen möchte. So hat man immer vor Augen, was man eigentlich plante, als Nächstes zu lesen und erhält sich selbst dabei im Bestfall sogar die Lust am Lesen.

Schritt 13:

Alles hat seinen festen Platz

Wichtig ist, dass alles seinen festen Platz hat. Die ist einer der wichtigsten Punkte der Konmari-Methode. Alles, was du dich entschieden hast zu behalten, bekommt seinen festen Platz in deiner Wohnung. Jedes Dokument, jedes Foto, Buch, Kleidungsstück, jede Stecknadel. Alles hat seinen eigenen festen Platz. Auf diese Weise weißt du immer, wo etwas zu sein hat. Wenn alles seinen festen Platz hat, hast du jedem Gegenstand diesen Platz aktiv zugewiesen. Man könnte das als „respektvollen" Umgang mit deinen Gegenständen bezeichnen, der insofern wichtig ist, da die Gegenstände, die sich in deinem Besitz befinden, einen Zweck für dich selbst erfüllen sollen. Nämlich den, dich glücklich zu machen.

Indem du also deine Gegenstände respektvoll behandelst und sie gezielt auswählst, behandelst du auch mit Respekt, was dich in deinem Leben erfreut, was mich nun zu Schritt 14 überleitet.

Schritt 14:

Abschied nehmen

Abschied nehmen – das klingt eventuell irgendwie albern. Es leuchtet dir aber vielleicht mehr ein, wenn ich es dir so erkläre:

Wann immer du etwas gekauft oder einen Gegenstand von Bekannten oder Freunden akzeptiert hast, hast du dich bewusst dazu entschieden, diesem Gegenstand einen Platz in deinem Leben zu geben. Das klingt großartiger, als es tatsächlich ist, da wir zwar manche Dinge aufgeregt und entschlossen kaufen, aber andere Dinge nur haben oder geschenkt bekamen, weil es durch eine zufällige Fügung so gekommen ist, ohne dass diese Dinge jemals von irgendeiner besonderen Bedeutung für uns waren. Selbstverständlich gibt es dann auch Dinge, die uns nicht unbedingt glücklich machen, sondern denen wir neutral gegenüberstehen:

Kochutensilien, Putzmittel, Socken, um ein paar mögliche Beispiele zu nennen.

Dennoch erfüllen sie für uns einen Zweck.

Demnach ist es unwichtig, ob ein Gegenstand uns in der Vergangenheit viel bedeutet or genutzt hat oder nicht. Er hat es vielleicht, oder er wird einem anderen Menschen noch von Nutzen sein. Nichtsdestotroz haben wir ihm Raum in unseren vier Wänden zugestanden, und unabhängig davon, ob wir jetzt froh sind, ihn endlich loszuwerden, so bringt er uns gleichzeitig wenigstens dieses erleichternde Gefühl.

Marie Kondo vertritt die Meinung, dass es gesund ist, sich aktiv von den Dingen zu verabschieden, die man aussortiert, indem man sich kurz bei ihnen bedankt. Das wirkt vielleicht seltsam, kann aber tatsächlich helfen zu lernen, dass Besitztümer ein Teil unseres Lebens sind und uns helfen, zu uns selbst zu finden, uns Freude bereiten oder nutzen.

Ob du dich bei den Dingen, die du rauswirfst also bedankst, bleibt natürlich dir überlassen. Aber vielleicht stellst du ja sogar fest, dass es sich tatsächlich irgendwie angenehm anfühlt.

Schritt 15:

Anschaffungen kontrollieren

Die letzten beiden Schritte sollen unsere Wahrnehmung und unseren Umgang mit unseren Habseligkeiten in der Zukunft verbessern. Dazu zählen natürlich auch alle Anschaffungen, die wir zukünftig machen werden.

Was bedeutet das für dich?

Du hast sicher so wie ich auch deine schwache Stelle. Du hast sicherlich irgendein Hobby, bei dem du eine Menge Geld hinlegen könntest und immer noch mehr einkaufen wollen würdest. Für manche ist das Kleidung, andere lieben Bücher, wieder andere Videospiele und manche mögen es, regelmäßig neue Möbel und Teppiche oder dergleichen zu kaufen und das Eigenheim ein wenig umzugestalten.

Solche „Hobbies" zu haben, ist nichts Verwerfliches. Solange es dir Spaß macht und anderen nicht schadet, solltest du es unbedingt beibehalten!

Allerdings leidet womöglich nicht nur dein Kontostand, sondern auch die Ordnung in deiner Wohnung darunter. Denn wir würden alle erstaunt sein, was wir über die Zeit alles horten!

An dieser Stelle möchte ich auch nochmal Bezug auf Schritt 2, die mentale Vorbereitung, nehmen.

Ich habe dich darauf hingewiesen, dass der Wunsch nach Ordnung im Haushalt dich fortwährend in kleinen Entscheidungen auf die Probe stellen wird. Diese Entscheidungen werden sich auch in deinem Kaufverhalten widerspiegeln.

Wie ich bereits über Kleidung sagte, ist es keineswegs so, dass du jedes Kleidungsstück, dass du dir kaufst, bis in die Ewigkeit tragen musst. Manche Käufe sind lediglich eine Laune des Moments oder ein Hilfsmittel zur eigenen Stilfindung. Wenn du von Zeit zu Zeit solche Einkäufe tätigst und es sich dabei nicht gleichzeitig um Unsummen handelt, hat das, wie wir beide wissen, keine ernsthaften Konsequenzen für deine finanzielle Lage oder die Ordnung im Haus.

Dennoch ist es ratsam zu versuchen, Einkäufe zu vermeiden, bei denen du dir nicht einmal sicher bist, ob gekauftes Objekt für dich wirklich seinen Zweck erfüllen wird. Im Zweifelsfall, verzichte doch auch mal auf etwas. Du solltest bei allem, was du dir kaufst, bereits während du es kaufst wissen, wo es seinen festen Platz haben wird. Je mehr du kaufst, desto schwieriger wird das natürlich. Wenn du dich nur darauf beschränkst, Dinge zu kaufen, für die du in deinem Geiste bereits einen festen Platz eingeräumt hast, wirst du deutlich weniger Dinge kaufen, die dich nur temporär glücklich machen oder an denen du Zweifel hast.

Schritt 16:

Keine Ausreden!

Seien wir ehrlich zu uns selbst – wir sind oft nicht ehrlich zu uns selbst. Ob es nun um das Ausmisten, Aufräumen oder das Beibehalten der Änderung geht (auf das ich noch zu sprechen kommen werde) – aus oft uns selbst nicht bekannten Gründen reden wir uns ein, dass wir Dinge brauchen, die wir offensichtlich nicht mehr brauchen, suchen nach Entschuldigungen und Gründen, unsere eigenen Pläne und Vorsätze über Bord zu werfen, um unangenehme Augenblicke oder Situationen zu vermeiden, die aber auf lange Sicht betrachtet unser Leben erleichtern und uns glücklicher machen.

In diesem Fall kann ich nicht mehr tun als dir zu sagen, was du ohnehin schon weißt: Ausreden werden dich nicht weiterbringen. Unterlass sie am besten – du tust dir selbst damit doch keinen Gefallen! Versuche, die Dinge genau so zu sehen, wie sie sind. In ihrer

Beschaffenheit, ihrem Nutzen und ihrer tatsächlichen Bedeutung für dich. Wenn du dir etwas vornimmst, bedarf es vor allem der Ehrlichkeit zu dir selbst um zu verstehen, wann du versuchst, dich einfach nur herauszureden.

Wann immer du zulässt, dass dein innerer Schweinehund sich durchsetzt, machst du dir zukünftige Kämpfe mit ihm schwerer und entfernst du dich von dem Ziel.

Schritt 17: Prokrastination

Prokrastiniert haben wir alle bereits in unserem Leben. Es ist unmöglich, das nicht zu tun, es würde unserer Natur widersprechen. Unsere Natur aber ist es, die uns dazu gebracht hat, es so weit kommen zu lassen, dass wir entschieden haben ein Buch zu kaufen, um uns mit etwas zu helfen, mit dem wir nicht zufrieden sind.

Ob in der Schule, im Haushalt, auf der Arbeit oder beim Treffen mit der Familie oder Freunden. Wir lieben es, Dinge aufzuschieben, uns zu drücken und lieber wertvolle Zeit zu vertrödeln. Letztendlich setzen wir uns dadurch nur selbst dem Stress aus. Und obwohl wir wissen, dass Prokrastinieren eigentlich unser Feind ist und Dinge mit Sicherheit nicht besser macht, ist es doch so unglaublich schwer, davon los zu kommen.

Ich glaube, dass es hilft sich zu zwingen, weniger nachzudenken.

Denken ist wichtig und gut – es hilft einem, komplexe Zusammenhänge zu verstehen, gut durchdachte und strukturierte Pläne aufzustellen und zu verstehen, warum man etwas macht. Allerdings ist jenes Denken nur hilfreich, wenn man es während der theoretischen Vorbereitung anwendet. Angenommen du planst, deine Wohnung nach der Konmari-Methode auszumisten und aufzuräumen. Du liest also die ersten Kapitel des Buches, machst dir einen Plan, merkst dir Tipps und Tricks, die du später anwenden möchtest. Aber wenn du loslegen musst, solltest du das Denken größtenteils abschalten.

Sobald du dich entschieden hast, deine Wohnung aufzuräumen, geh es einfach an! Denk nicht länger darüber nach, was das alles nach sich ziehen wird, wie viele Schränke du aussortieren musst, wie viel Abfall sich dabei wohl ansammelt, den du dann ja entsorgen musst. Denk nicht über die Arbeit nach, die dir morgen bevorsteht. Du wirst schnell merken, es vermiest dir nur die Lust und Laune darauf, etwas positiv zu verändern.

Prokrastination ist ein Problem, für welches jeder Mensch individuell seinen eigenen Lösungsweg finden muss. Doch im Allgemeinen und vor allem bezüglich des Aufräumens scheint mir die effektivste Methode zu sein, es einfach zu machen, sobald man sich mal mit der Methode auseinandergesetzt und einen Plan aufgestellt hat, wie man genau vorgehen möchte.

Schritt 18:

Pläne machen

Ich rede davon, Pläne aufzustellen – doch was außer der Konmari-Methode und einigen Ideen, wie du deine Regale und Schränke sinnvoller einräumen kannst, habe ich dir sonst geraten, das du aktiv planen könntest?

Ich denke, dass der Weg, den Haushalt in den Griff zu bekommen, weder ein schwerer, noch komplexer Weg ist. Daher ist der einzige Ratschlag, den ich dir bezüglich des Planens noch mit auf den Weg geben kann, bestimmte Tage festzulegen, an denen du dich voll und ganz dem Aufräumen, Wäschewaschen oder Spülen widmest.

Du hast hierbei freie Hand – Du kannst wählen, alles an einem Tag schaffen zu wollen, oder ob du an mehreren Tagen in der Woche kleinere Aufgabe erledigen möchtest.

Wenn du viel auf der Arbeit bist oder generell sehr beschäftigt bist und wenig Zeit hast, wird es dir helfen, dir einen solchen Plan aufzustellen. Natürlich ist jeder Mensch eigen – stelle den Plan so auf, wie er für dich machbar erscheint. Du musst mit dem Plan zufrieden sein. Er soll keine Anordnung, sondern eine Hilfe für dich sein. Behalte das in deinem Kopf – denn darüber will ich noch etwas detaillierter mit dir sprechen.

Schritt 19:

Aufräumen – Feind oder Freund?

Wenn wir uns rausreden, Aufgaben vermeiden oder prokrastinieren, verggessen wir gerne ein sehr wichtiges Argument – Wir machen es doch eigentlich für uns selbst.

Aus welchem Grund auch immer Ordnung im Haushalt herrschen soll – weil es uns selbst besser gefällt, weil der Ehepartner uns angewiesen hat, ordentlicher zu sein oder sich stärker am Haushalt zu beteiligen, weil wir keinen Platz mehr für Neues haben und so weiter. Doch wir tun es, um uns selbst einen Gefallen tun und um unser Leben ein Stück erträglicher zu machen.

Ordnung ist unser Freund, nicht unser Feind! Die nötige Disziplin ist, was uns dorthin führt. Vielleicht kannst du mehr Freude am

Aufräumen empfinden, wenn du dich jedes Mal daran erinnerst, dass du es tust, um dich besser zu fühlen.

Es macht vielleicht keinen Spaß, dreckiges Geschirr zu spülen oder die Wäsche aufzuhängen. Doch dafür ist es sicherlich ein ausgleichend schönes Gefühl, wenn du dich danach auf das Sofa setzen und entspannen kannst, Ordnung dich umgibt und du weißt, dass du für den Rest des Tages entspannen kannst.

Denn ist es nicht das, was wir wollen?

Entspannung?

Schritt 20:

Entschlossen bleiben

Wenn du es bis hier geschafft hast, gratuliere ich dir. Du bist nun mit der Konmari-Methode vertraut und hast sie womöglich sogar schon selbst angewandt. Wenn dem so ist, hoffe ich, dass sie dir helfen konnte, dein Leben schöner und einfacher zu gestalten.

Der letzte Schritt ist jetzt nur noch, diszipliniert und entschlossen zu bleiben!

Wenn alles ausgemistet und neu eingeordnet ist, ist der letzte und wahrscheinlich schwierigste Schritt, die neuen Methoden zu Angewohnheiten werden zu lassen und dauerhaft in dein Leben zu integrieren. Gib Acht, dass du nicht in alte Muster verfällst.

Gelegentlich wird dir das vermutlich schwerfallen, vor allem wenn du Stress auf der Arbeit oder in deinem Privatleben hast. Ich bin der Ansicht, dass es zwar schade ist, wenn man neu aufgenommene Methoden, die einem wirklich helfen, wieder schleifen lässt. Es ist aber verständlich und menschlich – ich bin selbst nicht anders.

Das Wichtigste ist, dass du dranbleibst! Gib nicht auf, solltest du je feststellen, dass du doch wieder in alte Muster verfallen bist und nicht konsequent genug warst.

Es ist nie zu spät, die Herausforderung neu aufzugreifen und erneut anzugehen, bis dir die Ordnung im Haushalt eines Tages wie von selbst von der Hand geht – und du in 20 einfachen Schritten ein entspannteres Leben erreicht hast.

Nachwort

Es ist nicht nur der Haushalt, der für uns alle eine Herausforderung darstellt, aber vermutlich eine, die die meisten Menschen teilen.

Wir sind nicht alle gleich. Wir haben unterschiedliche Vorlieben, Strategien. Nicht alles, was für mich funktioniert, wird für einen anderen Menschen ebenso gut funktionieren. Genauso umgekehrt.

Dieses Buch und die darin vielfach aufgegriffene Konmari-Methode wird nicht für alle Menschen funktionieren, auch wenn sie sicherlich für einige durchaus funktioniert.

Sollte diese Methode für dich nicht so funktioniert haben, wie du es dir erhofft hattest, konntest du vielleicht immerhin einige Ideen gewinnen, die dich auf deinem persönlichen Erfolgsweg ein Stück vorangebracht haben.

Manchmal dauert es einige Zeit, bis wir diesen einen Weg für uns selbst gefunden haben. Aber nicht entmutigen lassen! Wer sucht, der findet.

Mir jedenfalls hat es Spaß gemacht, mich mit der Konmari-Methode auseinander zu setzen, mein eigenes Verhalten zuhause zu hinterfragen und zu versuchen, dieses in eine für mich vielversprechendere Richtung zu beeinflussen.

Sowie es mir Spaß gemacht hat, dich an diese Strategie heranzuführen.

Wenn du auch Spaß hattest und diesem Buch etwas abgewinnen konntest, dann hat es seinen Zweck erfüllt.

36489422R00040

Printed in Poland
by Amazon Fulfillment
Poland Sp. z o.o., Wrocław